Teia Dos Sentimentos

Mateus Corte-Real

NONSUCH MEDIA PTE. LTD.

SINGAPURA

ISBN: 979-8-89214-075-1

Primeira edição publicada em 2023
Título: Teia Dos Sentimentos

Autor: Mateus Corte-Real
Editora: A. Lee
Design de Capa: Álvaro Oliveira para Nonsuch Media Pte. Ltd.

info@nonsuchmedia.com | nonsuchmedia.com

Apresentação

Nesta minha obra, convido-vos a cruzar os limiares da realidade conhecida e a embarcar numa jornada poética que transcende os confins do tangível. Componho este tríptico literário não apenas como uma coleção de poemas, mas como um mapa estelar para navegar pelos vastos domínios do espírito, da emoção e do infinito desconhecido.

No primeiro segmento desta viagem, mergulho nas profundezas da transformação pessoal e universal. Aqui, em poemas como "Quando Me Despedi do Ontem", desvendo as camadas mais íntimas da perda e do renascimento. Estas páginas são o espelho da minha alma em transição, refletindo a dolorosa, porém necessária, metamorfose pela qual todos devemos passar para emergir renovados.

À medida que avançamos, convido-vos a saborear comigo os prazeres efémeros da existência no segundo arco desta odisseia. Em "Risos Pendurados na Brisa", celebro os instantes passageiros que, embora fugidios, imprimem-se na memória com a intensidade de um cometa cruzando o céu noturno. Este é um convite à apreciação do momento presente, um lembrete de que, na transitoriedade, encontramos a verdadeira essência da vida.

Por fim, guio-vos até as fronteiras do surreal, onde a imaginação se liberta das amarras da lógica. "Onde as Sombras Afiam os Dentes" é um portal para um mundo onde o absurdo torna-se o pincel com o qual pinto cenários que desafiam a perceção. Neste reino, busco não apenas explorar o inexplorado, mas também oferecer uma reflexão sobre a complexidade da condição humana, transmutando o estranho e o maravilhoso num espelho das nossas mais profundas inquietações e desejos.

Esta obra é, acima de tudo, um convite à introspeção e ao encanto. É a expressão mais pura da minha busca incessante pelo significado oculto nas entrelinhas da existência. Cada palavra, cada verso, é um passo nesta jornada infindável em direção ao autoconhecimento e à compreensão do universo que nos rodeia. Convido-vos, então, a caminhar comigo por estas páginas, permitindo-se ser tocados, transformados e talvez até mesmo iluminados pela magia inerente à poesia.

Índice

Parte 1

Metamorfoses e Despedidas

Quando Me Despedi do Ontem

Ontem se foi, na noite escura,
Deixei para trás, sem amargura.
O que foi, já não mais resiste,
No hoje, o meu coração insiste.

Na despedida do passado distante,
Ontem na sombra da noite se escondeu,
Sem rancor, olhei para frente, confiante,
A luz do hoje no meu coração acendeu.

O que foi, agora é apenas lembrança,
No presente, a minha alma renasce,
Com esperança, sigo sem cobrança,
Em novos sonhos, o meu ser embasa.

O ontem se desvanece, suave,
E no agora, firme, eu me atrevo,
A vida se refaz, em cores, altaneira.

No tecer das horas, alegria se crava,
Cada momento, um novo enlevo,
Assim, no hoje, a minha essência inteira.

O Último Adeus à Pele Velha

Na pele que hoje deixo, um tempo finda,
Marcas de sol, de lua, noite e dia.
Cada ruga contava uma estória linda,
Mas agora, ao passado, ela se guia.

Novo ciclo começa, pele renascida,
Livre das sombras, na luz, pura harmonia.
Adeus, velha capa, a tua missão cumprida,
Bem-vinda seja a nova epifania.

Neste adeus, não há tristeza ou dor,
Apenas gratidão pelo vivido.
Na pele nova, abraço o meu vigor,

Com esperança e sonhos coloridos.
O último adeus, um recomeço em flor,
À pele velha, um obrigado sentido.

Nas Asas de um Relâmpago

Nas asas de um relâmpago, eu voei,
Cruzei céus em fúria, vastidão.
Na noite escura, luz que resplandeci,
Fugaz e forte, pura emoção.

Vi terras distantes num piscar,
Ecos de trovão, o meu rastro a seguir.
Em cada faísca, um desejar,
De mundos novos poder descobrir.

Veloz, a cortar nuvens sem temor,
A minha alma livre, sem detenção.
No horizonte, um novo fulgor,
Brilho que guia a inspiração.

Relâmpago que finda, breve ardor,
Deixa saudade, eterna impressão.

Sob a Pele do Futuro

Futuro tece, sob a pele, esperança,
Promessas sussurradas de bonança.
A cada batida, um novo sonhar,
Sob a pele do futuro, a desbravar.

Avante vamos, sem temer o incerto,
Com coragem, os nossos passos são guiados.
Cada escolha, um universo aberto,
Em novos mundos, por nós desbravados.

Amanhã que se molda com ternura,
Nas cores da aurora, suavemente.
No olhar, carrega a doce aventura,
De um futuro por nós, tão diferente.

Sob a pele do que virá, a cura,
De um presente que se faz resiliente.

A Dança dos Destroços

Na dança dos destroços, gira o mundo,
Entre escombros de sonhos desfeitos.
Mas em cada ruína, profundo,
Brotam sementes de novos direitos.

Sob a lua, essa valsa é mais sentida,
Onde a esperança dança com a dor.
Na reconstrução de cada vida,
Um passo de coragem é maior.

Giramos juntos, na mesma cadência,
No meio ao caos, encontramos a luz.
Na dança, há força, há resistência,
Em cada tropeço, um aprendiz ensinou.

A dança dos destroços, bela e crua,
Revela que após a noite, vem a lua.

Renascer dos Fragmentos

Os fragmentos do ser no chão caídos,
Unem-se em forma, novos sentidos.
Do quebrado, a vida renasceu,
Em cada pedaço, um eu se teceu.

Na vastidão do tempo, em silêncio,
Fragmentos de um eu, dispersos, jazem.
Buscando, em versos, o próprio renascimento,
Na poesia, os pedaços se enlaçam.

Renascer dos fragmentos, arte e magia,
Onde o fim e o começo se confundem.
Nesta dança, a dor e a alegria,
Num só corpo, em harmonia, se fundem.

Pelas mãos do poeta, a vida se recria,
E nos versos, os nossos sonhos se fecundam.

Evolução em Ré Menor

Notas soltas, no ar, a flutuar,
Em ré menor, começo a caminhar.
A melodia da mudança a soar,
Na evolução, aprendi a voar.

Na sinfonia da vida, em ré menor,
Notas de evolução tecem o destino.
Cada compasso, um passo, um fervor,
No palco do tempo, um bailarino.

Sob a regência do incansável maestro,
O universo, orquestra vasta e divina,
Toca a melodia do progresso, sem destro,
Na partitura etérea, a luz que fascina.

Entre acordes de luz e sombra, a história,
Desdobra-se em movimentos, intensos, reais.
Na escala evolutiva, cada ser, uma vitória,
Nas notas do ADN, os ancestrais.

Em ré menor, a evolução canta,
A canção da vida, profunda, imortal.
Cada ser, uma nota que encanta,
No concerto cósmico, um espetáculo sem igual.

A música segue, infinita,
Em harmonias complexas, eloquentes.
A evolução, na sua dança erudita,
Entre estrelas e galáxias, eternamente presentes.

Despertar de Um Novo Eu

Olhos abrem, nova visão,
No espelho, outra reflexão.
Um eu desconhecido a despertar,
Na jornada de reencontrar.

No alvorecer de um novo dia,
Surge um eu, renovado, na poesia.
Na escuridão que a noite desfia,
A luz do sol, promessa, anuncia.

Cada verso, um passo para o renascer,
Palavras tecem asas para voar.
No espelho d'alma, começo a perceber
Que cada fim é oportunidade de recomeçar.

Nas sombras de ontem, lições gravadas,
No hoje, a força de um novo querer.
São as experiências passadas
Que moldam o amanhã que irei viver.

Desperto, então, para a vasta estrada,
Com coragem, os meus sonhos a buscar.
Cada tropeço, uma lição sagrada,
Cada vitória, um motivo para celebrar.

Neste ciclo de aprender,
O novo eu, valente, vai se tecendo.
Entre erros e acertos a entender,
Que a vida é arte do constante renascimento.

Neste despertar, vejo a verdade:
Somos feitos de tempo, dor e beleza.

Na trama do destino, a liberdade
De sermos autores da própria riqueza.

Neste ritmo suave e constante,
O novo eu, em harmonia, segue adiante.
No palco da vida, ator resiliente,
Celebrar cada momento, vivamente.

O Peso de Mudar

Mudar pesa, sim.
Vida na balança.
Achei o meu lugar,
Carrego o meu ser.

Destino pesa,
Escolha por grão.
Ficar ou ir?
Vale o risco?

Desafio no mar,
Sonhos em novas terras.
Caminhar, mesmo incerto,
Coragem no passo.

Passado pesa,
"Vale?" a mente pergunta.
"Coração diz: "Arrisque".
Mudar é renascer.

Histórias novas,
Crescer é mudar.
Passo leve, confiança nasce.
Medo vai, sol vem.

Aceitar o desafio,
Mudança convida.
Reflexo nas águas,
Leveza em voar.

Balança da vida,
Caminho entre o velho e novo.

Mudar nos guia,
Amar, sonhar, fazer.

Borboletas no Estômago do Tempo

Borboletas Tempo Gira,
Mudanças secretas, ventre a pulsar.
Sentimentos em turbilhão, transformar,
Tempo, dança, futuro a desbravar.

Horas tremem, ansiedade a dançar,
Dias cadenciam, amanhã a vibrar.
Asa bate, segundos a semear,
Relógio gira, sonhos a almejar.

Céu de possíveis, voo delicado,
Minutos entrelaçados, vida a tocar.
Melodias mudam, olhar iluminado,
Agora sussurra, instante a brilhar.

Destino, valsa, desconhecido, abraçar,
Borboletas inspiram, futuro a moldar.
Asas misteriosas, pelo tempo voar,
Celebrar a vida, no tique taque a bailar.

Tecem minutos, amor a despertar,
Tempo, eternidade a namorar.
Última hora, suspiro a levar,
Mudança asas, no sempre a tocar.

Mudar tem peso, vida a questionar,
Encontrei o meu espaço, existir a ponderar.
Destino tem massa, escolha singular,
Ir ou ficar, no risco considerar.

Mar de desafios, novos sonhos procurar,
Andar incerto, mas com coragem enfrentar.

Passado questiona, mente a duvidar,
Coração ousa, "Mude", vem bradar.

Novos contos, evoluir é transformar,
Leveza surge, medo a dissipar.
Desafio aceite, na mudança embarcar,
Reflexo nas águas, na leveza planar.

Vida em balança, entre o velho navegar,
Mudar, direcionar, amar, sonhar, realizar.

Parte 2
Retalhos de Alegria Quotidiana

Risos Pendurados na Brisa

Risos leves, na brisa bailam,
Sob o azul, a vida desfila.
O vento espalha, harmonia instala,
Corações acham-se, na alegria brilham.

No dia, cores vivas tecem,
Sonhos em olhares, pinceladas de esperança.
Sorrisos brotam, rara bonança,
Esperanças em almas, flores que crescem.

Luz na face, sensação viva,
Brisa beija, a tela se ativa.
O mundo ganha cor, alegria cativa.

Horizonte aquece, palco do céu,
Onde hoje o calor é fiel.
Como o riso, eterno o momento se tece.

Pipas no Céu da Boca

No céu da boca, pipas a bailar,
Em ventos doces, elas vêm dançar.
Coloridas, vibrantes, prontas para voar,
Nas correntes do ar, vão se elevar.

Com caudas que no vento vêm ondular,
Desenhando sonhos, no azul a flutuar.
Cada uma com a sua história para contar,
Em linhas entrelaçadas, destinos a traçar.

Sob o sol dourado, elas vêm brilhar,
Em risos e encantos, o céu a decorar.
Pipas que na brisa, vêm sussurrar,
Segredos do mundo, prontos para revelar.

Nas mãos de crianças, elas vão girar,
Num balé aéreo, sem cessar.
Pipas que nos ensinam a sonhar,
E nas pequenas coisas, a beleza encontrar.

No céu da boca, sabores a explorar,
Como pipas que no azul, vêm nos inspirar.
A vida é um voo, que devemos apreciar,
Com pipas coloridas, a nos guiar.

Então soltem as linhas, deixem-nas voar,
No céu da boca, histórias a desenhar.
Que as pipas levem os nossos sonhos pelo ar,
E no coração, a esperança sempre reinar.

Café com Gosto de Domingo

Café morno, manhã perfumada.
Casa acorda, preguiça embalada.
Bule quente, vida saboreada,
Domingo, refúgio da alma.

Xícaras refletem o nosso lar,
Conversas brotam, sem pesar.
Memórias de encontros, riso no ar,
Simples momentos, afetos a ancorar.

Doce preguiça, laços tecidos,
Mesa farta, corações unidos.
Bolos, pães, brisa acolhedora,
Tempo pausa, domingo agora.

Pés Descalços na Relva dos Sonhos

Pés descalços, toque suave, relva verde,
Caminho que leva ao coração, onde se perde.
Sob o céu de azul profundo, tão sereno,
Onde cada passo é um sonho, puro e pleno.

Na frescura da manhã, orvalho beija,
A terra, a alma, no silêncio que deseja.
Entre flores silvestres, cores a dançar,
Pés descalços na relva a libertar.

Sussurros do vento, histórias a contar,
Dos sonhos guardados, prontos para brotar.
Na sombra de uma árvore, um refúgio se faz,
Pausa na jornada, paz que satisfaz.

Risos soltos no ar, felicidade sem fim,
Em cada passo, um novo começo, assim.
Pés descalços na relva, viagem ao interior,
Descobrindo segredos, em cada flor.

Ao cair da tarde, o sol se despede, dourado,
Deixando promessas, no horizonte pintado.
E sob a luz das estrelas, sonhos a brilhar,
Pés descalços na relva, sempre a caminhar.

Neste mundo de sonhos, onde tudo é possível,
A simplicidade é a chave, pura e visível.
Pés descalços na relva, trilha a seguir,
No jardim dos sonhos, onde se aprende a sorrir.

Abraços Que Cabem no Bolso

Abraços, abraços, pequenos, apertados,
No bolso escondidos, sempre guardados.
Num pulo, num passo, na rua, saltitam,
Em bolsos profundos, eles se agitam.

Rápido, ritmado, batida acelerada,
Abraço no bolso, a jornada é embalada.
Girando, rodando, em cada esquina,
Abraços que voam, pura adrenalina.

No tique, no taque, do relógio, apressados,
Abraços prontos, jamais atrasados.
Na pressa do dia, na noite, na vida,
Abraços no bolso, saída querida.

Compactos, potentes, em tecido enrolado,
No fecho-de-correr da alma, eles são trancados.
Mas quando libertados, oh, que explosão!
Abraços que cabem na palma da mão.

Ecoam, ressoam, em ritmo frenético,
Abraços de bolso, amor eclético.
Na valsa das horas, na dança dos dias,
Abraços que giram, puras alegrias.

Leves, leves, flutuam, voam,
Nos bolsos do tempo, eles ecoam.
Abraços, abraços, rítmicos, tão nossos,
No compasso do coração, cabem no bolso.

Na correria, na pausa, no laço,
Lembre-se do abraço, do seu próprio espaço.
No bolso da vida, no canto, no verso,
Abraços guardados, o universo imerso.

Estrelas Colhidas na Varanda

Na varanda, onde o dia se faz presente,
Estrelas guardo, no sol quente.
Em cada passo, uma luz a guiar,
Sob o sol, sonhos a despertar.

No calor do dia, na luz do sol a brilhar,
Estrelas em mim, não precisam esperar.
Cada momento, um novo respirar,
Na luz, na vida, sem temer o escurecer.

Sol, sol, na varanda a aquecer,
No sopro do vento, a vida a acontecer.
Brilham, brilham, ao ritmo do coração,
Em cada raio, uma nova emoção.

Com o calor envolvente, a nos abraçar,
Estrelas diurnas, prontas para dançar.
Na terra dos vivos, onde tudo é claro,
Sob a varanda, o amor não é raro.

E quando a noite tentar se aproximar,
As nossas estrelas diurnas vão brilhar.
Por entre dias, por entre clarões sem fim,
Na varanda da vida, luzes até ao fim.

Assim, sob o manto da luz a se estender,
Estrelas diurnas, ensinam a não temer.
Com elas, abraçamos o infinito, tão claro, tão bonito,
Na canção do dia, o nosso eterno e luminoso rito.

O Perfume de Nuvens Passageiras

No céu, nuvens bailam,
Azul se desdobra, mundo salta.
Brisa traz perfumes, vida em rima,
Sob algodão, histórias, preces sem falta.

Beleza que escapa, visão breve,
Sol ao descansar, esperança tece.
Fogo e paixão, sonhos em relevo,
Crepúsculo ensina, esquecer acontece.

Efémeras, vastas, lição de soltar,
Luar prateia, encantos a contar.
No silêncio, segredos a murmurar,
Liberdade, tempos a navegar.

Nuvens dançam, leveza a ensinar,
Viver o momento, como perfume a voar.

Gelado de Lua Cheia

Na noite enluarada um sabor a desvendar,
Gelado de Lua Cheia, um deleite singular.
Artistas do gelado com paixão a criar,
Formas e sabores na arte de encantar

Queijo e doce de leite, em Mariana a brilhar,
No Restaurante Lua Cheia, um gelado a saborear.
Gomas de frutas no céu a se olhar,
Lua cheia de sabores, para o paladar fascinar.

No Porto, uma escolha a provar,
Gelado na Lua Cheia, momentos a eternizar.
E no Algarve, uma novidade sem par,
Gelado de Lua Cheia, em noites de luar.

A festa, um convite, Maria Joaquina a ponderar,
Jaime insiste, ela resiste, num jogo de olhar.
Drama e gelado, na trama a se entrelaçar,
Olhares revelam histórias que nos fazem sonhar.

Lua cheia como gelado, no céu a resplandecer,
Conceito abstrato, em noites a florescer.
Gelados e doces, em formas de prazer,
Lua Cheia traz delícias, para o coração aquecer.

Gelados de Lua Cheia em ritmo a contar,
Histórias e sabores em versos a bailar.
Entre o real e o mágico, um caminho a seguir,
Na dança das palavras, a Lua Cheia a definir.

Sussurros da Terra

Na quietude da noite ancestral, um segredo se desenrola,
Palavras como vento, na escuridão a ecoar.
Virgem dos Céus, que enigma se desdobra, narrador?
Agora, sim, histórias entrelaçam-se, fervendo em euforia.
Agora, sim, palavras tecem laços, em perfeita sintonia,
Voe, pensamento, corra, imaginação, numa orquestra divina.
Ah, escultor de universos, acenda a chama sagrada,
Na mente, um altar ardente, eternamente inflamado.
Anseio por paixão, anseio por vibração, por alma vibrante,
Nas linhas, uma odisseia, a cruzar a vastidão, a pura verdade.
Fujam, rotina, monotonia, deixem este solo,
Cruzem pontes, transcendam limites, em voo mágico.
Viajem por aldeias, por lendas, por espíritos,
Por sonhos ancestrais, por lutas, por risos imortais.
Por tempos suspensos, na corrente da existência, reflexão
profunda.
Que desejo arder, de contar, de revelar ao mundo,
As vozes da memória, na sombra, esquecidas.
Quando me vejo nas páginas do destino tecido,
Cada palavra, uma vereda, uma aprendizagem.
Oh, ser de olhar distante, a tua alma, tão envolvente,
Dá-me a tua saga, para aplacar a minha sede,
Neste cosmos de papel, o teu refúgio, a tua essência.
Partirei, partirei, este chão não me detém,
Nascido entre as constelações, além do visível, sim.
Com urgência, com destino, avanço,
Levando comigo poucos, mas leais, companheiros de jornada.
A cada página virada, um novo horizonte,
Menos são os que caminham ao meu lado.
Mas nesta trilha de letras, persisto,
Poucos, mas preciosos, neste infinito literário.

Bolhas de Sabão no Crepúsculo

No crepúsculo suave, a luz se esvai,
Bolhas de sabão, no ar, dançam, vão.
Coloridas, frágeis, em brilho, ensaiam,
Uma valsa com o vento, em doce canção.

Sopramos sonhos, na tarde que cai,
Cada bolha, um desejo, uma oração.
Por momentos, a tristeza se distrai,
Nos reflexos, a vida pulsa em palpitação.

Elas sobem, tocam o céu, não ficam.
Como esperanças que, em nós, se acendem,
Brilham, antes de ao chão sucumbirem.

Mas na dança das bolhas, o tempo rende,
E mesmo quando a noite as consome,
Na memória, a beleza sempre se esconde.

Parte 3

Revelações do Oculto

Onde as Sombras Afiam os Dentes

No vale onde as sombras afiam os dentes,
a noite borda o seu manto com fios de silêncio.
Lá, a lua, um olho cego, observa indiferente
enquanto o tempo engole caminhos sem remorso.

Árvores torcidas sussurram segredos antigos,
folhas como línguas secas contam histórias malditas.
Sob os seus galhos, o chão respira, vivo,
com vermes que sonham ser estrelas não vistas.

Nesse lugar, os rios correm para trás,
carregam memórias afogadas nas suas águas turvas.
Peixes de prata nadam com pressa, jamais
a olhar para o céu, onde o futuro se curva.

Entre as raízes, as portas se abrem para o nada,
convidam os desavisados a entrar.
Ali, as sombras dançam, afiadas,
num banquete eterno, sem se saciar.

Os ventos carregam vozes que nunca foram humanas,
cantigas de adormecer para berços vazios.
E na escuridão, figuras dançam, insanas,
com sorrisos largos, olhos frios.

Mas é no coração desse vale, onde o medo se agita,
que uma flor solitária ousa brotar.
Desafia a noite que a tudo grita,
ela brilha, luz suave, a esperança a sussurrar.

Aqui, onde as sombras afiam os dentes,
também há espaço para um sonho persistir.
Mesmo nos cantos mais sombrios, ardentes,
uma centelha de beleza insiste em resistir.

Bailarinas de Vidro no Telhado

Sob o luar prateado, num telhado esquecido,
Bailarinas de vidro dançam ao som do vento,
Os seus movimentos são sussurros, quase não ouvidos,
Na noite, um espetáculo de fragilidade e encantamento.

Elas giram, as suas silhuetas cortam o céu nublado,
Pés descalços sobre telhas, frias, quebradiças.
Cada passo é um risco, um destino arriscado,
Em harmonia com o universo, sem promessas, sem premissas.

Os astros observam, curiosos, esse baile insólito,
Onde a lua empresta o seu brilho para vestidos de luz.
E estrelas caem, uma a uma, em aplauso tácito,
Por estas criaturas de esplendor e translúcida cruz.

Não há música além do crepitar do tempo,
E do murmúrio das folhas, em árvores distantes.
Mas elas dançam, imunes ao esquecimento,
Nesse palco improvável, entre o real e o delirante.

Com cada pirueta, lascas de vidro se desprendem,
Voando como fadas, brilhando em prata e dor.
São lágrimas cristalinas que, enquanto caem, compreendem,
A beleza efémera, o preço da dança, o valor.

Quando o amanhecer tingir o céu de cores novas,
As bailarinas desaparecerão, sem deixar vestígios.
Exceto pelo brilho no chão, relíquias de uma noite,
Testemunhas mudas de um milagre em precipícios.

Bailarinas de Vidro no Telhado, um sonho gravado,
Na memória da noite, onde o impossível ganha vida.
Entre o real e o surreal, um segredo bem guardado,
A dança segue eterna, delicadamente destemida.

O Eco dos Olhos Invisíveis

Meu canto de sombras,
Seres da noite, escutai:
Sou sussurro das florestas,
Nas sombras me desfiz;
Seres, emergindo
Da escuridão sem fim.
Da noite silenciosa,
Que agora ecoa viva
Por destino invisível,
Seres, existi:
Sou mistério, sou sussurro,
Sou filho do crepúsculo;
Meu canto de esquecimento,
Seres da noite, escutai.

Vagueio sem forma,
Entre os véus do não ser;
Olhos que tudo veem,
Mas nunca são vistos,
Refletindo o vazio,
Na imensidão escura,
Eu caminho sozinho,
Na trilha do etéreo.

Meu canto é o silêncio,
Ecoando entre as estrelas,
Um lamento antigo,
Que a noite guarda no seu seio.
Sou o olhar na escuridão,
A presença sentida, não vista,
Um segredo guardado
Pela eternidade sussurrante.

Seres da noite, ouvi:
Nas profundezas do cosmos,
Nas raízes do mundo,
Meu espírito vagueia;
Buscando os ecos perdidos,
De outros olhos invisíveis,
Que na noite profunda,
Partilham o meu destino.

Meu canto de morte,
Não é de fim, mas renovação;
Transformando o invisível,
Em parte do todo eterno.
Seres da noite, escutai,
Neste canto que transcende,
O eco dos olhos invisíveis,
No silêncio, encontra voz.

Catedrais Suspensas no Vazio

No vácuo do cosmos, onde sonhos se entrelaçam,
Erguem-se catedrais, majestosas, em silêncio.
Entre estrelas que dançam e cometas que passam,
São monumentos etéreos, de divino apreço.

Pilares de luz, arcadas de sombras,
Vitrais de nebulosas, pintam o infinito.
Ecos de preces antigas, em línguas desaterrar,
Ressoam no vazio, um coro tão bonito.

Altar de mistérios, onde deuses dormem,
Sob cúpulas de vácuo, entre galáxias suspensas.
Ali, o tempo para, e as dimensões se deformam,
Catedrais flutuantes, guardiãs das essências.

Torres que tocam o nada, apontando para o tudo,
Nos seus nichos, segredos universais são guardados.
Na imensidão silente, tudo parece mudo,
Mas nas catedrais vazias, os cantos são sagrados.

Portais entre mundos, onde o finito se perde,
E o infinito se acha, em orações de luz.
Nesse espaço sem chão, onde a alma verde,
Catedrais suspensas, oferecem a cruz.

No vazio, onde tudo começa e termina,
Estas catedrais permanecem, imóveis, serenas.
São faróis para os perdidos, na escuridão que domina,
Catedrais suspensas no vazio, eternas cenas.

Orquestra dos Desajustados

Na partitura da vida, onde notas se confundem,
Surge a orquestra dos desajustados, vibrante.
Com instrumentos singulares, que o mundo não entende,
Tocam melodias únicas, tão ressonantes.

Violinos de esperanças, com cordas de ilusão,
Flautas de sonhos, sopradas por almas errantes.
Também há tambores de paixão, com ritmo e pulsação,
E guitarras de desejos, tocadas por amantes.

No palco do incomum, sob holofotes de estrelas,
A orquestra dos desajustados, em harmonia, se revela.
Cada nota dissonante, uma história a contar,
De vidas que, na sinfonia geral, lutam para se encaixar.

Maestro invisível, regendo com mãos de vento,
Leva a orquestra a tocar, sob o céu cinzento.
Nessa música de contrastes, onde o belo e o estranho se fundem,
Os desajustados encontram um lugar, onde os seus corações se
acalmem.

Clarinetes de angústia, suavizados por oboés de ternura,
Pianos de solidão, ecoando em salões de pura textura.
Cada membro da orquestra, um solista da sua dor,
Mas juntos, criam uma sinfonia, onde cada nota tem valor.

A orquestra dos desajustados toca até o amanhecer,
A sua música, uma lembrança de que mesmo desafinados,
podemos viver.
Na grande partitura, mesmo os desajustes têm o seu lugar,
E na orquestra da vida, todos têm uma melodia para tocar.

A Noite Que Engoliu as Estrelas

Num céu sem luz, a noite veio,
Estrelas sumiram, deixando receio.
O escuro tomou, sem nenhum sinal,
Silêncio profundo, e nada mais.

Sem brilho lá em cima, olhares caíram,
Na escuridão, muitos suspiraram.
Mas mesmo assim, um brilho nasceu,
Nos corações, a esperança cresceu.

Sonhos foram luz, na noite escura,
Mostrando que a fé sempre perdura.
E assim, devagar, a noite se abriu,
As estrelas voltaram, e o medo sumiu.

Naquela noite escura, uma lição ficou:
Mesmo sem estrelas, a luz nunca se apagou.

Sussurros de Uma Lua Fragmentada

A lua se quebrou,
Prata no céu espalhou.
Cada caco, um segredo,
Amores eternos, sem medo.

Fragmentos que brilham,
No silêncio, falam.
Guia de corações,
Na fria escuridão.

Luz em pedaços,
Segredos, abraços.
Amantes chamam,
Promessas clamam.

Desejos na noite,
Uma canção, um convite.
Mesmo quebrada, bela,
Une almas, com ela.

Lua em fragmentos,
Esperança nos ventos.
Luz que não se apaga,
Amor que sempre afaga.

O Desfile das Almas Esquecidas

Na noite escura, um desfile começa,
Almas esquecidas, a marcha não cessa.
Passos silenciosos, na escuridão,
Buscam a luz, e a redenção.

Cada alma carrega uma história não dita,
De amores perdidos, de uma vida aflita.
Mas juntas, na noite, elas caminham,
Por entre as sombras, suavemente brilham.

Vestem-se de memórias, de tempos idos,
Nos seus olhos, segredos bem escondidos.
Sussurros do passado, em cada passo dado,
Na esperança de não serem mais olvidados.

O vento as guia, suave, subtil,
Por caminhos de névoa, destino febril.
E na marcha eterna, encontram paz,
No desfile das almas, cada uma capaz.

Esse desfile solene, de beleza ímpar,
Relembra a todos, o valor de olhar.
Cada alma esquecida, nessa marcha sem fim,
É uma lembrança de onde podemos chegar, sim.

Na calada da noite, se por acaso ver,
O desfile das almas, deixe-se envolver.
Cada história não contada, cada vida esquecida,
Merece um momento, de ser relembrada, vivida.

O Cortejo das Almas Lembradas

Sob o céu claro, um cortejo se inicia,
Almas lembradas, em harmonia, prosseguem.
Passos firmes, sob a luz do dia,
Buscam a alegria, e a liberdade que contêm.

Cada alma traz consigo um relato de vida,
De amores encontrados, de felicidade partilhada.
Mas juntas, sob o sol, seguem unidas,
Iluminadas pelas cores, graciosamente adornadas.

Vestem-se de esperança, de futuros promissores,
Nos olhares, sonhos a serem descobertos.
Risadas do presente, nos passos dançantes,
Com a certeza de que não serão mais esquecidos.

A brisa as conduz, leve, gentil,
Por caminhos floridos, destino vívido.
E nesse cortejo vibrante, encontram satisfação,
Na celebração das almas, cada uma na sua canção.

Deixam para trás qualquer sombra de dúvida,
Rumo ao entardecer, um renovo sem igual.
Assim, a cada passo, juntas se fortalecem,
Sob o crepúsculo, finalmente se encontram.

Esse cortejo magnífico, de esplendor raro,
Inspira a todos, a importância de celebrar.
Cada alma lembrada, nesta jornada luminosa,
É um convite à vida, ao amor, ao recomeçar.

Sob o véu da tarde, se por ventura observar,
O cortejo das almas, deixe o seu coração se alegrar.

Cada vida celebrada, cada história lembrada,
Merece um instante, de ser apreciada, honrada.

Reflexos de Um Mar Inexistente

Em terras áridas, um mar se sonha,
Onde a água é miragem, o desejo se alonga.
Neste espaço vazio, o silêncio ressoa,
Eco de ondas que a mente ecoa.

Reflexos de um mar, na areia deserta,
Uma paisagem que a alma desperta.
O sol inclemente, no céu a brilhar,
Desenha sombras do que poderia navegar.

Nas profundezas de um azul inventado,
Guardam-se segredos, tesouros guardados.
Vidas que poderiam, nas ondas, dançar,
Histórias de piratas, sem mar para ancorar.

A brisa que sopra, traz sal e saudade,
De um mar inexistente, pura vontade.
Mas ainda assim, naquele deserto sem fim,
O coração se agita, um oceano dentro de mim.

Na noite estrelada, sob a lua a contemplar,
O deserto se transforma, começa a ondular.
Reflexos de um mar, na areia a brilhar,
Ilusão que convida, sem nunca chegar.

E nesse sonhar, uma verdade se faz,
No deserto da vida, cada qual cria a sua paz.
Mesmo em terras secas, sem água a correr,
O mar inexistente nos ensina a ver.

Que além do horizonte, onde o olhar não alcança,
Há sempre um oceano, feito de esperança.
Reflexos de um mar, num deserto a brilhar,
São sonhos que nos guiam, rumo ao lugar de chegar.

A Biblioteca dos Sonhos Proibidos

Num canto esquecido,
Sonhos são tecidos.
Livros empoeirados,
Segredos guardados.

Portas trancadas,
Palavras caladas.
Nas prateleiras, escondidos,
Sonhos nunca vividos.

Folhas sussurram,
Ventos murmuram.
Histórias de amores,
Dores, dissabores.

Luzes que piscam,
Desenhos que arriscam.
Na capa, o proibido,
No coração, o ferido.

Passos que ecoam,
Olhares que voam.
Entre linhas, a chave,
Para o que se sabe.

Silêncio que fala,
Esperança que embala.
Em cada página, um grito,
De um sonho infinito.

Portas que se abrem,
Mundos que cabem.
Na biblioteca escondida,
Vida redefinida.

Sonhos proibidos,
Agora permitidos.
Nesse espaço sagrado,
Tudo é liberado.

Fim do poema,
Inicio do esquema.
Nos sonhos proibidos,
Somos redescobertos, unidos.

Harmonia Tecida

Quando me despedi do ontem, na alvorada,
E no último adeus à pele velha, renasci.
Nas asas de um relâmpago, a jornada
Sob a pele do futuro, enfim descobri.

A dança dos destroços, em ritmo acelerado,
Renascer dos fragmentos, uma sinfonia.
Evolução em ré menor, delicadamente orquestrado,
Despertar de um novo eu, na luz do dia.

O peso de mudar, nos meus ombros senti,
Borboletas no estômago do tempo, a voar.
Risos pendurados na brisa, suavemente ouvi,
Pipas no céu da boca, a imaginação a desbravar.

Café com gosto de domingo, aroma no ar,
Pés descalços no relvado dos sonhos, a pisar.
Abraços que cabem no bolso, para sempre guardar,
Estrelas colhidas na varanda, a noite a iluminar.

O perfume de nuvens passageiras, a flutuar,
Gelado de lua cheia, em noites de verão.
Sussurros da Terra, prontos para revelar,
Bolhas de sabão no crepúsculo, pura emoção.

Onde as sombras afiam os dentes, no escuro,
Bailarinas de vidro no telhado, a dançar.
O eco dos olhos invisíveis, no futuro,
Catedrais suspensas no vazio, a contemplar.

Orquestra dos desajustados, em união,
A noite que engoliu as estrelas, sem perdão.
Sussurros de uma lua fragmentada, em canção,
O desfile das almas esquecidas, em redenção.

Reflexos de um mar inexistente, a brilhar,
A biblioteca dos sonhos proibidos, a explorar.
Em cada verso, uma história, um lugar,
Este poema final, em harmonia, a culminar.

Em cada linha, um universo a se expandir,
Neste canto final, onde todos se unem a cantar.
Histórias entrelaçadas, prontas a se abrir,
Em harmonia tecida, continuamos a sonhar.

Palavras Finais

*N*a minha vida como escritor, tenho-me aventurado por territórios vastos e íntimos da alma humana, buscando capturar em palavras a essência da nossa existência. Este tríptico poético, que se desdobra em três atos distintos, é o fruto dessas explorações, um convite para que o leitor se junte a mim nesta odisseia lírica.

Na primeira parte, **Metamorfoses e Despedidas**, mergulho nas profundezas das transformações pessoais. Cada poema é uma reflexão sobre o ciclo eterno de términos e inícios, uma dança com o tempo onde cada passo é tanto uma despedida quanto um prelúdio. Aqui, despeço-me do ontem, abraço a incerteza do amanhã e celebro o renascimento contínuo do ser. É uma ode à capacidade humana de evoluir, de mudar a pele, de se reerguer dos destroços de si mesmo e despertar, renovado, sob a pele cintilante do futuro.

Avançando para a segunda parte, **Retalhos de Alegria Quotidiana**, é um convite para nos deleitarmos nos pequenos prazeres da vida. Com cada verso, procuro tecer um manto de simplicidade e beleza, capturando aqueles momentos efémeros que, embora breves, são capazes de preencher a alma de luz. Desde o riso que dança na brisa até o abraço que se guarda no bolso, cada poema é uma lembrança para apreciar o agora, para encontrar magia no ordinário e celebrar a poesia que reside no quotidiano.

Por fim, adentramos a terceira parte, **Revelações do Oculto**, onde os véus entre o visto e o invisível se tornam translúcidos. Aqui, permito-me explorar os mistérios que se ocultam nas sombras, as verdades não *ditas que sussurram nas esquinas da nossa consciência. É um território onde as sombras afiam os dentes e as almas esquecidas desfilam, um convite para enfrentar o desconhecido, para buscar compreensão nas catedrais suspensas no vazio e encontrar harmonia nos reflexos de um mar inexistente.*

Cada palavra, cada linha deste tríptico, é um fio dourado na vastidão da vida, entrelaçando-se para formar um retrato complexo e multifacetado da existência humana. Ao final desta viagem poética, talvez as respostas continuem elusivas, mas a beleza reside justamente nessa busca incessante, nesse desejo de entender, de sentir, de conectar. E assim, seguimos adiante, tecendo juntos os sonhos e as realidades do nosso mundo, perpetuamente encantados pela promessa do que continua por vir.

Ao virar a última página desta odisseia poética, sinto-me compelido a pausar e olhar para trás, contemplando a jornada que juntos empreendemos. É neste momento de reflexão que os meus pensamentos convergem numa única palavra: gratidão.

Quero expressar a minha mais profunda e sincera gratidão a si, caro leitor, por ter aceite o convite para esta viagem. A sua presença ao longo destas páginas não foi apenas uma companhia; foi a essência que deu vida a cada verso, a cada revelação, a cada suspiro de alegria e sombra de mistério. Sem a sua presença, estas palavras permaneceriam adormecidas, esperando em vão pelo sopro que só a leitura pode proporcionar.

O seu interesse, a sua curiosidade, o seu desejo de explorar os confins da alma humana ao meu lado são presentes inestimáveis. Cada olhar que lançou sobre estas linhas, cada emoção que permitiu fluir, cada momento de pausa para refletir, enriqueceu este trabalho de maneiras que palavras mal podem expressar.

Este agradecimento é, portanto, mais do que um mero fecho formal; é um reconhecimento da jornada partilhada, um tributo à beleza da conexão humana através das palavras, e um sinal de respeito pela luz que trouxe a este projeto. Juntos, descobrimos que a literatura é um diálogo, um intercâmbio de almas, um encontro de corações e mentes em busca de compreensão, conforto e inspiração.

Enquanto nos despedimos desta aventura particular, espero sinceramente que as ressonâncias desta experiência continuem a ecoar no seu espírito. Que as metamorfoses, os retalhos de alegria e as revelações do oculto que partilhamos sirvam como faróis na sua própria jornada, iluminando caminhos, inspirando sonhos e fortalecendo a coragem para enfrentar o desconhecido.

Com uma reverência à beleza da nossa conexão e um coração transbordante de gratidão, deixo-lhe o meu mais caloroso obrigado. Que possamos nos encontrar novamente, entre as páginas de futuras explorações, em novas viagens literárias que continuam por ser escritas. Até lá, desejo-lhe nada menos que maravilhas em cada passo, poesia em cada respiração, e uma eterna sede de descoberta em cada olhar.